AF266503

LA
SITUATION EN FRANCE

Par un Catholique

ou

LETTRE AU CARDINAL LAVIGERIE

Est omninò patriæ caritas, meo quidem judicio, maxima.

(CICÉRON.)

TOULOUSE

SISTAC, LIBRAIRE-ÉDITEUR

RUE SAINT-ÉTIENNE

1891

LA
SITUATION EN FRANCE

PAR UN CATHOLIQUE

OU

LETTRE AU CARDINAL LAVIGERIE

Est omninò patriæ caritas, meo quidem judicio, maxima.

(CICÉRON.)

TOULOUSE

SISTAC, LIBRAIRE-EDITEUR

RUE SAINT-ÉTIENNE

—

1891

AVANT-PROPOS

En offrant le présent opuscule au public sous forme de lettre à un éminent archevêque et cardinal, nous avons voulu dissiper, ou du moins atténuer dans l'esprit de beaucoup de catholiques et de Français cette excessive crainte révérentielle, qui, dans un pays de liberté comme le nôtre, et en une question laissée à la libre discussion de tous, est vraiment surprenante et accuse une diminution considérable de caractère.

L'archevêque d'Alger et de Carthage, tous le savent, a paru, en plusieurs circonstances, se rallier, d'une façon plus ou moins bruyante, au régime actuel. Quelques évêques, même l'archevêque de Paris, ont donné des consultations et des conseils aux catholiques français sur la ligne de conduite qu'il convient de suivre en politique, *His temporibus difficillimis reipublicæ*, aurait dit Cicéron. Et plusieurs, abdiquant leur opinion en une question qui n'a jamais été définie *ex cathedra*, et n'est pas de nature à l'être, vu que le Pape, en des pages de la plus large philosophie, laisse ces questions à la liberté de chacun (car chaque peuple a ses mœurs, son histoire, son caractère, ses idées en fait de gouvernement et de politique), en concluent que pour obéir à nos évêques, voire même à Léon XIII, il faut se faire républicain, et que le régime monarchique est fini en France. (L'Évêque d'Annecy.)

Cette conclusion n'est pas logique, elle est fausse. Que l'on veuille bien examiner, sans parti pris, les quelques considérations que nous avons l'honneur d'adresser à l'éminent compatriote qui travaille avec tant de zèle et de courage à convertir et à civiliser l'Afrique pendant qu'en Europe nous courons à la barbarie et ramassons les chaînes d'esclavage que *la fourmilière noire* (card. Desprez) s'empresse de jeter.

Au fond, les appels du cardinal Lavigerie à la concorde et à l'union sur le terrain même politique m'ont l'air plutôt d'une menace que d'une invitation véritable. Il gagne tout ce que nous perdons. Quand la foi chrétienne aura retenti dans ce dernier coin du monde, l'Afrique, la fin viendra, et, par le dernier jugement, la rédemption des élus : *Levate oculos vestros, ecce appropinquat redemptio vestra.*

LA SITUATION EN FRANCE

LETTRE AU CARDINAL LAVIGERIE

———

Comme jadis Cicéron écrivant à Plancus, je pourrais, Éminence, vous dire : *Tu, quamquam consilio non eges, vel abundas potius, tamen hoc animo esse debes, ut nihil rejicias.* Ne manquant aucunement de nos conseils, puisque vous nous en prodiguez si souvent de votre abondance, vous devez néanmoins être disposé à n'en rejeter aucun, qu'ils viennent de la foule, ou que la solitude, autre que le désert de Biskra, les inspire.

Nous admirons votre courage, nous applaudissons à votre mérite, à vos qualités apostoliques et à l'entrain que vous communiquez à vos missionnaires de tous genres. Mais il nous semble parfois que vos appels réitérés sont dictés par les soucis de vos vastes entreprises, autant, plus même que par votre sympathie, d'ailleurs bien naturelle, envers la mère-patrie. Rien de plus désagréable, de plus impérieux que le besoin du moment; on a organisé de grandes choses, rêvé de magnifiques projets; il faut des ressources, il les faut promptement, le train est lancé, il ne peut revenir sur ses pas. Qu'importe! Pour sauver le navire jetons du lest; s'il faut le sacrifice d'anciennes fidélités, on fera ce sacrifice, afin d'avoir l'amitié des puissants d'une heure ou d'un jour, ou, du moins, pour ne pas les avoir en face. Que de choses il y aurait à dire!

On tourne donc à gauche, et à nos amis qui nous ont soutenus, sans lesquels on ne peut rien, qu'il importe de ne pas s'aliéner, on leur fait dire : Si vous tourniez aussi à gauche, vous me rendriez service... La monarchie, le roi, tout cela est fini; voyez ma lettre au comte de Chambord... Du reste, nous pourrons voir plus tard d'y revenir...

Plus tard?... Mais si on obtient par cette manœuvre un résultat passable; si, pour quelques jours, on obtient de s'abriter sous une république tolérable et tolérante, moins malhonnête, ne dira-t-on pas : Pourquoi changerions-nous? Il fait bon ici, restons-y. Puis, les vicissitudes du système amènent de nouveau le triomphe de nos ennemis, *et fiunt novissima... pejora prioribus.*

Non, il faut revenir sans retard à la politique nationale traditionnelle. Il faut Dieu et il faut le roi, ou rien de stable ne sera fondé. Il faut le roi, et non un roi quelconque, avec des idées de gouvernement et ne s'inspirant pas du code des folies révolutionnaires, les idées modernes. Nous devons l'y amener s'il n'est pas encore à l'unisson avec nous sous ce rapport.

Un coup d'œil jeté sur notre histoire nationale nous en convaincra.

On dit que, conduit à la Conciergerie, le fils du comte de Paris a salué au Pont-Neuf la statue d'Henri IV. Henri de Navarre était protestant, hérétique; la France n'en aurait pas voulu, et Henri III mourant, tout en le désignant pour lui succéder, lui dit : *Si vous ne vous faites catholique, vous ne serez jamais roi de France.*

Sans doute, il y eut des travers dans la Ligue, la satire Ménippée s'en égaya. On pouvait rire de ce Mayenne, chef des conservateurs d'alors, « qui passait plus de temps à dîner que Henri à dormir ». Rien d'humain n'est à l'abri du ridicule, et les hommes sont toujours au-dessous des causes les plus belles qu'ils représentent. Mais l'idée était bonne; elle était bonne, elle était sage, salutaire, elle fut enfin efficace. Henri abjura l'hérésie, il devint roi, et roi si plein de bonté, dit Cantu, « qu'on oublie de l'admirer pour l'aimer ». A son entrée dans Paris, voyant l'empressement de la population, il disait à son entourage : *Laissez-les s'approcher, ils sont affamés de voir un roi.* Il vint, comme il le disait, *avec l'oubli des erreurs et le souvenir des services.* Et c'est ainsi, il l'a déjà dit lui-même, que reviendra le roi de France. La famille royale est indissolublement liée à la France. Il y a eu brouille entre les conjoints, un divorce momentané, mais l'union n'a pas été radicalement rompue : l'intérêt commun veut qu'il y ait une entente, un arrangement, puisqu'ils sont faits l'un pour l'autre, mais sur des bases équitables et durables. Dieu a béni cette alliance, l'Église n'a jamais prononcé le divorce.

Et à qui irions-nous qu'à notre roi ?

Le bonapartisme est mort; une des îles Sanguinaires, nom bien choisi, est désigné pour être le tombeau du dernier Napoléon; — le boulangisme est enterré; — la République est mourante. D'elle nous pouvons dire, comme Cicéron de la république romaine : *Quæ potest enim spes esse in eá republica in quá... oppressa sunt omnia; et in qua nec senatus, nec populus vim habet ullam; nec leges ullæ sunt, nec judicia, nec omnino simulacrum aliquod aut vestigium civitatis?* (Lettres de Cic.)

On a dit qu'en 1814 le roi est revenu sur les fourgons de l'étranger. Disons plutôt que la République nous a été imposée par Bismark comme une contribution de guerre plus ruineuse que les six milliards et la perte des deux provinces. Il le disait et l'expliquait lui-même : *Quand on déteste un homme, on désire naturellement qu'il attrape la fièvre typhoïde; moi, je déteste la France; je désire qu'elle attrape la République.* Qu'on lise les lettres de Bismark à d'Arnim.

Il n'y a de place en France que pour une monarchie véritable. C'est notre régime naturel, c'est dans notre caractère. Et quand nous avons un président à notre tête, nous le traitons si bien en roi (malgré ses feintes résistances), que l'envie lui vient souvent, à lui ou à ceux qui veulent le devenir, de prendre la couronne. Témoin Napoléon Ier; témoin Napoléon III; témoin Boulanger, qui aspirait à porter un jour sur sa pauvre tête les diamants dispersés de la couronne de France !

C'est dans notre sang et c'est dans notre histoire.

Avons-nous oublié le premier roi chrétien des Francs ? La veille de son baptême, au pied de l'autel de l'église de Sainte-Marie, à Reims, saint Rémi, illuminé par l'esprit prophétique, tint à Clovis et à Clotilde ce langage : « Votre postérité gouvernera noblement ce royaume ; elle glorifiera la sainte Église et héritera de l'empire des Romains. Elle ne cessera de prospérer tant qu'elle suivra la voie de la vérité et de la vertu. Mais la décadence viendra par l'invasion des vices et des mauvaises mœurs. C'est là, en effet, ce qui précipite la ruine des royaumes et des nations. »

En parlant ainsi, écrit Hincmar (*Vie de S. Rémi,* ch. XXXVII), le visage de l'évêque resplendissait de gloire comme autrefois celui de Moïse. Le législateur évangélique des Francs avait une auréole semblable à celle du chef des Hébreux (Darras, *Hist. de l'Église,* vol. XIVe, pp. 35-36). Le miracle de la sainte Ampoule, apportée sur l'heure par un ange, accrédita chez nos ancêtres, et jusqu'à notre temps, cette divine ratification du langage tenu par le saint évêque.

A la famille « décadente » de Clovis succéda celle du B. Pépin de Landen. « Le signe le plus royal du septième siècle et de la France en particulier c'est l'abondante sainteté. C'est aussi le plus bel apanage des Pépins, tige et famille de saints » (card. Pitra). Le vice d'origine de Charles Martel, père de Pépin le Bref, fut peut-être, dit l'abbé Darras, dans les conseils de la Providence, la cause cachée mais profonde de la rapide décadence des Carlovingiens, qui sont remplacés par les Capétiens.

Saint Valéry apparut un jour à Hugues Capet, lui ordonnant de chasser les intrus de deux abbayes. « A cette condition, lui dit-il, je te promets de la part du Seigneur que tu seras roi et que ta race et ses descendants occuperont le trône des Français durant sept successions (ce qui ne doit pas être l'équivalent de générations) : *Te fore regem prolemque tuam Francigenarum, stirpemque tuam regimen tenere usque ad septem successiones.* Ces successions royales, ou changements de branches dans la dynastie de Hugues Capet, sont jusqu'ici au nombre de six : la sixième est celle des Bourbons-Orléans qui a commencé de régner, quoique indûment, de 1830 à 1848.

C'est seulement maintenant, après la mort du comte de Chambord, que l'on peut dire « la succession » légitimement ouverte. (Voir Darras, *Hist. de l'Église.* Rohrbacher lui-même, si peu tendre pour nos rois, relève les vertus qui distinguaient, autour de Louis-Philippe, les principaux membres de cette famille des Orléans.)

Encore un dernier mot là-dessus. Quand Dieu envoya Jeanne d'Arc réveiller de leur torpeur la France et ses défenseurs, lui dit-il que, pour nous sauver, au lieu de mener le roi à Reims, il fallait nous ramener au système républicain ? Enfin, si la République est quelque chose de si beau, le bon Dieu aurait bien pu nous le dire... C'est qu'il nous aime plus que Bismark, sans doute...

Il semble cependant que le mouvement qui se produit aujourd'hui en France éloigne cette éventualité et est loin de préparer une restauration.

Quant à moi, je crois voir que tout nous y mène. Considérons attentivement.

Les motifs qui, pour un chrétien, diminuent les probabilités d'une restauration monarchique viennent du roi et de la nation.

Du roi d'abord.

Le comte de Paris a sans doute bonne volonté, il désire bien faire ; mais, pour parler sans flatterie, nous savons qu'il est encore à la remorque de ces funestes principes de la révolution, répudiés au nom même du bon sens (je ne parle pas de la religion et de la foi) par ceux qui en ont étudié l'origine et la portée. Sous ce libéralisme que proclame avec une naïve et infatigable admiration ce prince d'ailleurs respectable se cache la subtile hérésie des temps modernes, plus subtile et plus infernale que le protestantisme et le jansénisme. Et avant que vous ne deveniez roi de France, permettez-moi de vous le dire,

Monseigneur, les catholiques français réclameront de vous l'abjuration entière et sincère de cette erreur trop fondamentale pour que nous y fermions les yeux. Sinon, nous vous dirons comme il fut dit au roi de Navarre : *Impossible autrement d'être roi de France.* Votre entourage a besoin d'être considérablement épuré. Nous n'avons pas la même confiance que vous dans les libéraux que vous choisissez pour représenter votre manière de voir au milieu de nous et nous l'inculquer. Lisez-vous dans l'histoire de votre aïeul Henri IV, désigné par Henri III pour lui succéder (comme vous, par le comte de Chambord), qu'il se soit délégué un tel ou un tel pour battre ses ennemis à Arques et à Ivry ? Non, il venait faire ses affaires lui-même, à ses risques et périls :

A vaincre sans combats on triomphe sans gloire.

Surtout il agissait avec discrétion et ne découvrait pas ses desseins *urbi et orbi.* L'épuration, par conséquent, de vos idées et de votre personnel, car nous en avons assez des libéraux, des Broglie et des Audiffret, etc.

De la part de la nation.

La France est divisée en factions, en partis. Plusieurs, le plus grand nombre même de ceux qui se sont ralliés ou se rallient à la République, le font sans enthousiasme, de guerre lasse, souvent par de mesquines considérations d'intérêt. Comme l'a bien montré un psychologue parfois trop sévère, du moins en apparence et à première vue, M. Drumont, nous nous sommes façonné ou on nous a façonné une société toute de convention, avec des maximes toutes nouvelles, d'importation étrangère, juive surtout et maçonnique; nous sommes pris dans cet engrenage ou dans ce filet; nous avons beau nous y débattre, impossible d'en rompre les mailles et de jouir enfin de notre liberté. Nous sommes plus esclaves que les nègres, et nous ne le savons pas! Il y a deux jours, un incendie met une famille ouvrière dans la misère : pas un vêtement, pas un morceau de pain ne leur reste. Un voisin charitable les recueille, et, pauvre lui-même, veut faire une quête dans le quartier. Il court demander l'autorisation à *M. le maire!*... Nous sommes ainsi : il nous faut pour toutes choses l'estampille de l'État. Et pourquoi bientôt ne la faudra-t-il pas, si elle est nécessaire, pour secourir l'extrème misère?

Un bon parti, pour triompher, n'a pas tant besoin du nombre que de la valeur et de la bonne qualité. Les poltrons, les lâches et les traîtres, bien qu'ils fassent nombre, n'ont jamais fortifié une armée; ils l'affaiblissent au contraire, arrêtent l'élan des bons et sèment l'alarme et le découragement. Ce sont des bouches inutiles dont il faut se débarrasser, si le petit nombre, *pusillus grex*, veut triompher. Les Vendéens nous ont appris ce que des hommes résolus peuvent faire. Voyez les Suisses à Granson et à Morat! Quand ces bandes d'aventuriers, qu'on a appelés les grandes compagnies, désolaient la France au lieu de la défendre, Bertrand Du Guesclin les mena guerroyer en Castille et donner un libre cours à leurs instincts et à leur humeur. La nation française continue à se purifier de ces éléments dangereux. Ces catholiques à demi, chrétiens de la main gauche, nos évêques les invitent, les pressent avec instances de passer à gauche. Comme Notre-Seigneur, ils disent : *Quod facis, fac citius!* Vous nous gênez plus que vous ne nous aidez; vous pensez autrement que nous et que l'Église... faites-vous républicains... C'est un transbordement. Le navire allégé voguera à pleines voiles et à toute vapeur. Car la

République, chez nous du moins, signifie décomposition, séparation, division, faiblesse, peur, lâcheté, anarchie, relâchement du nerf social, défaillance et aplatissement. Quand une société tombe en république, sans des motifs exceptionnels de justice, sans qu'un Tarquin ait commis quelque mauvaise action, mais après de longs siècles de vie, de gloire et de prospérité sous ses rois, c'est signe que cette société est en train de se défaire, de se dissoudre. Le corps social que l'âme a quitté devient un cadavre qui se désagrège et se décompose. C'est un régime, si vous voulez, mais le régime de la mort.

Le citoyen qui se prononce de ce côté ne le fait pas après une délibération désintéressée. Dieu n'a pas besoin de lui accorder le secours d'une grâce actuelle pour cela : c'est une défaillance; la peur, l'intérêt, le vil intérêt, l'ambition suffisent. Dites hardiment de lui ou que ses finances sont en désarroi, ou que son amour-propre blessé cherche une vengeance, ou que sa vie n'est plus aussi pure, aussi chrétienne, humble et soumise qu'autrefois, et qu'à un intérieur tranquille et pacifique a succédé l'inquiétude qui tourmente, le désordre, le chaos des idées et la guerre que se livrent dans son cœur les passions et les concupiscences terrestres, la cupidité, l'égoïsme, la sensualité et l'orgueil. L'auteur antique n'avait-il pas raison de s'écrier : *Quæ potest enim spes esse in eâ republicâ...?*

Le difficile, l'héroïque n'est pas, Eminence, de descendre un courant, mais de le remonter, de rester inébranlable dans ses opinions, quand la religion surtout nous y incline. Et qui ne sait que les hommes de religion sont surtout parmi ceux qui, à une république hypothétique et douteuse, préfèrent une monarchie qui a fait ses preuves?

En supposant même la question du régime politique en soi et théoriquement indifférente — (Bossuet cependant, avec beaucoup de théologiens, ne craint pas d'avancer et de prouver : 1° que l'autorité royale et héréditaire est la plus propre au gouvernement ; 2° que la monarchie est la forme de gouvernement la plus commune, la plus ancienne, la plus naturelle, la meilleure) (voir *Politique sacrée*, l. II), sommes-nous faits en France pour le régime républicain ?

Je réponds hardiment : non !

Non. Si nous sommes habitués dès le berceau de notre histoire aux idées de liberté, nous ne sommes pas nés en république. Non, la France n'a pas été baptisée comme une nation républicaine, mais avec un roi, et avec des promesses faites à ce peuple et à ce roi.

A quoi sert de dissimuler, de dire ou de penser comme quelques-uns : Faisons semblant d'être républicains, et ensuite, quand nous serons les maîtres, nous la renverserons.

Et savez-vous si vous serez jamais les maîtres comme tels ou des dupes perpétuels ? Si vous le serez longtemps, en cas que vous arriviez au pouvoir ? (voyez les républiques d'Amérique), et si vous aurez envie de changer alors de régime et de rétablir la monarchie ? Savez-vous si, en compagnie de ceux que nous voyons, vous ne deviendrez pas comme eux et pires peut-être ? Qui vous a promis d'être alors meilleurs que maintenant, parce que vous aurez vécu côte à côte avec Constans et Ferry, avec ceux que vous méprisez justement aujourd'hui ?

Combien n'est-il pas plus loyal d'agir et de penser de même sans ces détours et ces ruses trop républicaines !

Soyez-en sûrs, quand vous aurez secoué votre torpeur, qu'on vous verra agissants, intrépides, ne vous contentant pas de paroles et de discours, de compliments et de saluts, ou de stériles manifestations, comme le Pape le disait dernièrement, mais allant à l'action, — ceux qui aujourd'hui trouvent en votre faconde et vos bravades un sujet de risée se tourneront vers vous, vous acclameront comme leurs sauveurs et les sauveurs de la France. Vous n'aurez pas désespéré d'elle, les obstacles ne vous auront pas arrêtés. Voilà les hommes forts, dira-t-on comme du temps des Machabées, par lesquels le salut viendra à Israël! Et, si pour vaincre, il faut lutter et mourir, si l'on veut nous ramener aux premiers siècles de l'Église, ne savons-nous pas ce qu'il a fallu de courage aux martyrs pour préparer l'avènement de Constantin et le triomphe de la religion !

Nous n'aurons pas besoin, je pense, de passer de nouveau par ces horreurs. Mais il faut de toute nécessité qu'on nous juge de taille et de force à les affronter pour qu'on nous laisse tranquilles, si l'on ne veut pas nous suivre.

Français, ajouterai-je, que craignez-vous? Votre roi viendra à vous comme un père pour fermer les plaies faites par la Révolution. Comme le disait J. de Maistre dans son immortel ouvrage trop peu lu des *Considérations sur la France*, si la Révolution a grandi et dominé par le vice, lui convoquera autour de son trône toutes les vertus, la fortune secondera les efforts communs du prince et des sujets, qu'il ne traitera pas en serviteurs, mais, à l'exemple du maître qu'il représentera, comme ses enfants et ses amis. De même qu'Henri IV, il dira à la juiverie et aux judaïsants qui nous exploitent : « Partez, mes compliments à votre maître (Rothschild), et n'y revenez plus. » Et l'histoire dira de lui ce qu'elle a écrit de son aïeul Henri le bon : « Il ne fallait pas moins pour calmer ant de factions qu'une telle clémence, et un règne de bon sens, de bonne humeur, de loyauté, d'économie et fondé sur la bienveillance du peuple. »

Et Carnot? Carnot, après avoir rendu compte de son administration, sera rendu aux ponts et chaussées. N'est-il pas ingénieur?

Ces quelques réflexions que j'ai condensées autant qu'il m'a été possible, parce qu'on ne lit guère de nos jours les œuvres de longue haleine, je les soumets, Eminence, à vos lumières et à l'attention des catholiques de mon pays. Dieu qui a fait la France par les évêques et le clergé, par ses rois et par ce peuple dévoué à tout ce qui est grand et généreux, quand on ne le trompe pas, emploiera à la fois les mêmes instruments pour la renouveler et la remettre sur les voies de sa vocation de royaume de Marie, de Fille aînée de l'Église.

Amen!

Mai 1891.

Toulouse, Imp. DOULADOURE-PRIVAT, rue St-Rome, 39. — 9025